LA GRANDE IMA

LES PLANTES

Conception :
Jack BEAUMONT

Texte :
Sabine BOCCADOR

Illustrations :
Marie-Christine LEMAYEUR
Bernard ALUNNI

FLEURUS

FLEURUS ÉDITIONS, 15-27, rue Moussorgski, 75018 PARIS
www.fleuruseditions.com

QU'EST-CE QU'UNE PLANTE ?

Les plantes sont les êtres vivants les plus abondants sur Terre. On estime le nombre d'espèces connues entre 250 000 et 400 000. Indispensables à la vie humaine, elles fournissent aux hommes et aux animaux l'oxygène nécessaire à la respiration et une partie de leur nourriture. Incroyablement variées, on les trouve partout à la surface de notre planète. De la plante à fleurs à l'algue marine, chacune dépend de son environnement pour se développer.

Les feuilles

Les feuilles sont rattachées aux branches par le pétiole. Elles sont parcourues de nervures dans lesquelles circulent les éléments nutritifs. Leur forme, leur contour, leur aspect (cireux, duveteux...) varient selon les espèces. Il existe des feuilles aux bords dentés, crénelés, ou au contraire lisses. Elles ne sont pas toutes non plus implantées de la même façon sur la tige.

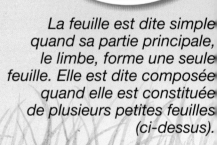

La feuille est dite simple quand sa partie principale, le limbe, forme une seule feuille. Elle est dite composée quand elle est constituée de plusieurs petites feuilles (ci-dessus).

La tige

La tige est la partie intermédiaire du corps de la plante. Elle permet à la plante de se maintenir et le plus souvent de se diriger vers la lumière. Généralement, elle se ramifie en branches et rameaux. Elle assure le transport de l'eau et des nutriments entre la racine et les feuilles.

La racine

La racine sert à fixer la plante dans le sol, mais elle a une autre fonction essentielle : elle absorbe dans la terre l'eau et les sels minéraux nécessaires au développement de la plante. Elle y parvient grâce à un formidable réseau de ramifications terminées par des poils absorbants.

Les sels minéraux sont les substances provenant des roches. Présentes dans le sol, elles sont indispensables à la croissance de toute plante.

La fleur, organe de reproduction

La fleur est constituée de quatre éléments principaux : le calice, la corolle, les étamines et le pistil. Semblables à de petites antennes, les étamines sont les organes reproducteurs mâles : elles produisent le pollen. Le pistil, long tube situé au centre de la fleur, est l'organe reproducteur femelle. Le renflement situé à la base du pistil est l'ovaire. Il contient les ovules qui permettront la fécondation (voir ci-dessous). Le pistil se termine par le stigmate.

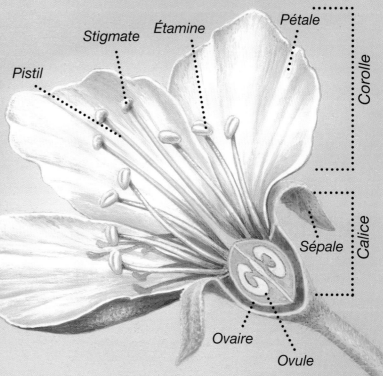

Pistil — Stigmate — Étamine — Pétale — Corolle — Sépale — Calice — Ovaire — Ovule

La photosynthèse

Contrairement aux animaux, les plantes ont la particularité de fabriquer leur nourriture elles-mêmes. Les racines de la plante puisent dans le sol la nourriture, qui circule dans des vaisseaux jusqu'aux feuilles. C'est ce que l'on appelle la sève brute (ou sève montante). Pendant ce temps, grâce à la chlorophylle, à la lumière du soleil et au gaz carbonique de l'air qui entre par les stomates, les feuilles transforment la sève brute en sève élaborée (ou sève descendante), contenant des sucres. Cette nourriture est diffusée par d'autres vaisseaux dans toute la plante et permet sa croissance. C'est pendant ce processus, appelé photosynthèse, que la plante libère de l'oxygène. Cet oxygène crée les conditions favorables à la vie sur Terre.

La fécondation

Quand un grain de pollen se dépose sur le stigmate, il germe et produit un tube fin qui s'enfonce dans le pistil, jusqu'à l'ovaire, et féconde un ovule. L'ovule fécondé devient une graine. L'ovaire se change alors en fruit charnu contenant la graine dans un noyau. Une fois le fruit mûr, il tombe sur le sol ; la graine peut germer et donner naissance à une autre plante.

La pollinisation

Pour transporter le pollen d'une fleur à une autre, beaucoup d'espèces utilisent le vent, mais la plupart des fleurs ont recours à l'aide précieuse des insectes, qu'ils attirent grâce à une substance sucrée : le nectar. Quand un insecte se pose sur la fleur, des grains de pollen se collent sur son corps. Il les transporte ainsi d'une fleur à l'autre. Quelques plantes aquatiques, elles, font confiance à l'eau pour le transport du pollen.

DE LA GRAINE À LA PLANTE

Châtaigne, pépin de pomme, haricot, grain de blé ou de café, gland ou noix de coco... tous sont des graines. La plupart sont enfermées dans un fruit, qui favorise leur transport, leur dissémination. Même si elles peuvent avoir des aspects variés, toutes les graines sont composées de trois éléments : une enveloppe protectrice, le tégument ; une réserve de nourriture, l'albumen ; et enfin un embryon, souvent minuscule, qui donnera naissance à la future plante.

Le voyage des graines

Les graines sont de véritables voyageuses. Elles utilisent tout ce qui est en leur pouvoir pour s'éloigner de la plante qui les a fait naître, afin d'avoir plus d'espace, de lumière et d'eau. Le vent, bien sûr, les aide à se disperser. C'est ainsi que les graines d'érable tournoient dans l'air grâce à leurs ailes, qui ressemblent à l'hélice d'un hélicoptère, et se posent en douceur sur le sol. De même, les graines du pissenlit, pourvues de parachutes plumeux, s'envolent au moindre souffle, tout comme les graines chevelues du cotonnier. La capsule de la fleur de pavot saupoudre les prés de milliers de petites graines dès qu'une légère brise se lève.

Les besoins de la graine

Pour germer, une graine a besoin de lumière, d'humidité et d'une température généralement printanière. Toutes les graines ne germent pas tout de suite. Leurs réserves nutritives leur permettent de patienter des semaines, des mois, voire des années. Pour se protéger des insectes qui pourraient les grignoter sur le sol, les graines du coton fabriquent leur propre insecticide. D'autres, comme l'amande ou le noyau d'abricot, fabriquent des antibiotiques ! Quand la graine est prête à germer, une pousse et une racine minuscules sortent de l'enveloppe protectrice.

Tégument

Albumen

Embryon

graines d'érable
(samares)

graine de
gaillet gratteron

Des graines propulsées

Chez le géranium, cette plante à fleurs qui orne les balcons, les graines pendent au bout de petites tiges. Ces dernières sèchent et se replient comme des arcs autour d'un mât central. Quand les graines sont mûres, ces petits arcs se déplient brusquement et projettent les graines au loin comme des boulets.

graines de
géranium

Spécialistes du covoiturage

Certains fruits ou graines pourvus de minuscules crochets se prennent dans la fourrure des animaux et voyagent ainsi discrètement avant de tomber et d'être dispersés loin de leur plante mère. C'est le cas des fruits du gaillet gratteron (ci-dessus).

Une drôle d'aventure

Les oiseaux, les renards, certains petits rongeurs et d'autres animaux mangent des fruits, comme les baies, dont ils ne digèrent pas les graines. Celles-ci transitent dans leur intestin puis sont éjectées avec leurs excréments. Quelques animaux font aussi des provisions de graines qu'ils oublient ensuite. Les graines germent ainsi parfois à des kilomètres de la plante qui les a produites.

Au gré des courants

Une noix de coco peut flotter sur des milliers de kilomètres au gré des courants marins avant de venir s'échouer sur un rivage. Cette grosse graine pèse 1,5 kg. Sous sa coque imperméable se trouve une chair blanche, de l'eau et l'embryon en sommeil. Dès que les conditions sont favorables, l'embryon se nourrit de l'eau de coco que renferme la noix et donne naissance à une tige et à une racine au bout de 4 à 10 mois.

9

LES PLANTES SANS FLEURS

Dans la nature, il existe des plantes qui ne produisent ni fleurs ni graines. Certaines de ces plantes ont été les premières à apparaître sur la Terre. Elles ont des systèmes de reproduction différents de celui des plantes à fleurs. Les mousses, les fougères, mais aussi les algues et les lichens en font partie. Elles sont capables de coloniser des milieux très variés, qu'ils soient terrestres ou aquatiques, et beaucoup d'entre elles, comme les prêles, ont même connu les dinosaures !

Fronde de fougère

Les fougères

Les fougères sont très anciennes : les premières existaient déjà il y a 400 millions d'années. Aujourd'hui, on en dénombre environ 10 000 espèces. Les trois quarts vivent dans les forêts tropicales, où elles sont souvent géantes et peuvent atteindre la taille d'un arbre. Dans les régions tempérées, on les rencontre dans les forêts, dans les champs et en montagne.

L'aspect des fougères

Les fougères ont des racines fibreuses. Leur tige se présente sous forme de rhizome, c'est-à-dire qu'elle est en partie souterraine. Tige et racines sont parcourues de vaisseaux qui assurent la circulation de la sève dans toute la plante. Les jeunes feuilles, les frondes, sont enroulées sur elles-mêmes. Elles se déploient lors de leur croissance.

Prêles

Fougères

Les mousses

Les mousses forment de petites touffes ou coussins visibles dans les milieux humides. Accrochées à des pierres, sur l'écorce des troncs d'arbre et des vieilles souches, elles s'étalent comme des tapis moelleux. Elles n'ont pas de véritables racines : elles sont simplement retenues au sol par des filaments très fins. Pour leur apport en eau, elles se gorgent de l'humidité de l'air grâce à leur tige et à leurs feuilles. Ce sont les plantes terrestres les plus simples et parmi les plus anciennes.

Les mousses peuvent avoir des aspects variés. On en compte environ 13 000 espèces.

Les algues

Ce sont les végétaux les plus anciens du monde puisqu'ils sont apparus il y a environ 3,2 milliards d'années. Les algues vivent pour la plupart dans la mer, les lacs et les étangs. Ce que nous voyons d'elles s'appelle le thalle. Il constitue à la fois la racine, la tige et les feuilles de la plante. Les algues ont des formes très diverses. Certaines sont microscopiques, comme les diatomées, qui font partie du plancton végétal flottant à la surface des océans. D'autres sont immenses, comme les laminaires, des algues pouvant atteindre 70 m de longueur, soit l'équivalent de plus de trois autobus à la file !

Laminaires

Les couleurs des algues

Toutes les algues contiennent de la chlorophylle, ce pigment vert qui leur permet de fabriquer leur nourriture grâce à la photosynthèse (voir p. 7). Mais toutes ne sont pas vertes ! Tandis que les algues vertes ne contiennent que de la chlorophylle, les algues brunes renferment en plus des pigments jaunes et bruns, les algues rouges ont des pigments rouges et bleus, etc.

Algues rouges

Le lichen : un champignon associé à une algue

Le lichen n'est pas un organisme unique : il résulte de l'association d'un champignon et d'algues microscopiques qui se nourrissent mutuellement et fournissent à l'autre ce dont il a besoin. On nomme cette relation favorable à chacun la symbiose. Certains lichens auraient près de 4 000 ans.

La reproduction des plantes sans fleurs

Les fougères, les mousses et certaines algues se reproduisent par dissémination de spores, des graines minuscules logées dans des sortes de petits sacs situés sur les plantes. D'autres algues se multiplient en libérant des cellules reproductrices dans l'eau : si une cellule mâle rencontre une cellule femelle, il y aura fécondation et développement d'une nouvelle algue. La plupart des lichens, quant à eux, se reproduisent lorsqu'un petit morceau de lichen (contenant l'algue et le champignon) se détache et se fixe plus loin. Il donne naissance à un nouveau lichen.

LES ARBRES

Les arbres sont des plantes qui se caractérisent par leur hauteur, généralement au-dessus de 7 mètres, qui vivent de nombreuses années, plusieurs décennies, voire plusieurs siècles, et qui ont la particularité de fabriquer du bois. Parmi les arbres, les feuillus produisent des fleurs donnant des fruits, qui contiennent des graines. Les conifères, quant à eux, produisent des cônes renfermant les graines. Les palmiers sont à part : leur tige n'est pas un tronc ramifié donnant du bois.

Qu'est-ce qui compose l'arbre ?

Tout comme les autres plantes, l'arbre a des racines qui le maintiennent ancré dans le sol et qui l'approvisionnent en eau et en sels minéraux. Dans le tronc circulent la sève brute, qui monte des racines, et la sève élaborée, qui descend depuis les feuilles. Dans l'aubier, sous l'écorce, le cambium est un tissu qui produit chaque année une nouvelle couche de bois, indiquant ainsi l'âge de l'arbre. L'écorce, qui recouvre le tronc, protège l'arbre des attaques d'insectes, de la chaleur et des champignons. L'ensemble des branches forme le houppier.

Chaque année, de nouveaux bourgeons donnent naissance à des rameaux.

De la graine à l'arbre

Une fois le fruit de l'arbre tombé au sol (la samare de l'érable, par exemple), la graine qui est à l'intérieur se gonfle d'eau et se développe. On dit qu'elle germe. Après quelques jours, l'enveloppe de la graine se fend et une petite racine en sort qui s'enfonce dans le sol. Puis une tige apparaît, s'élève vers la lumière et produit des feuilles. L'arbre miniature se développe, un tronc minuscule et des branches se forment.

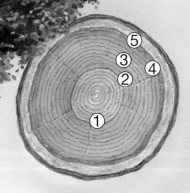
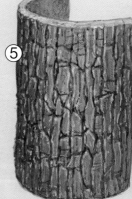

Lorsqu'on observe la coupe d'un tronc, on voit au centre le bois de cœur (1), qui est dur, l'aubier (2), par où la sève brute monte vers les feuilles, le cambium (3), qui produit chaque année une nouvelle couche de bois, le liber (4), où circule la sève descendante, et enfin l'écorce (5), qui protège l'arbre.

Feuillage caduc

Dans les régions tempérées, beaucoup d'arbres feuillus comme les bouleaux, les érables, les hêtres, les châtaigniers, perdent leurs feuilles en automne. Ils sont à feuillage caduc. Ce processus permet à l'arbre de réduire ses dépenses d'énergie pendant l'hiver. Alors que les racines, le tronc et les branches sont bien isolés du froid, les feuilles, elles, consomment de l'énergie à perte et ne résistent pas aux basses températures. Quand le froid approche, l'arbre sécrète une multitude de petits bouchons de liège qui viennent obturer le pétiole des feuilles (voir p. 6). Privées de sève et d'eau, les feuilles jaunissent et tombent. Elles repousseront au printemps suivant.

Feuillage persistant

Dans les régions où les hivers sont plus doux, quelques feuillus, comme le chêne vert, ne perdent pas leurs feuilles en automne. On les dit à feuillage persistant. C'est aussi le cas d'arbres originaires de régions plus chaudes (laurier, olivier...). Chez les conifères, les feuilles, aussi appelées aiguilles ou écailles, sont persistantes. Elles sont recouvertes d'une substance cireuse qui les protège du froid.

Chênes verts en hiver

Le mélèze fait partie des rares conifères qui perdent leurs feuilles.

Les conifères

Leur nom signifie qu'ils sont porteurs de cônes. Ils produisent des cônes mâles et des cônes femelles. Lorsque les premiers sont mûrs, ils libèrent des grains de pollen en abondance, que le vent disperse. Au contact d'un cône femelle, le pollen féconde les ovules, qui deviennent des graines. Quand elles tombent sur le sol, les graines n'ont plus qu'à germer pour donner naissance à un nouvel arbre.

Mélèze

Cyprès

Épicéa

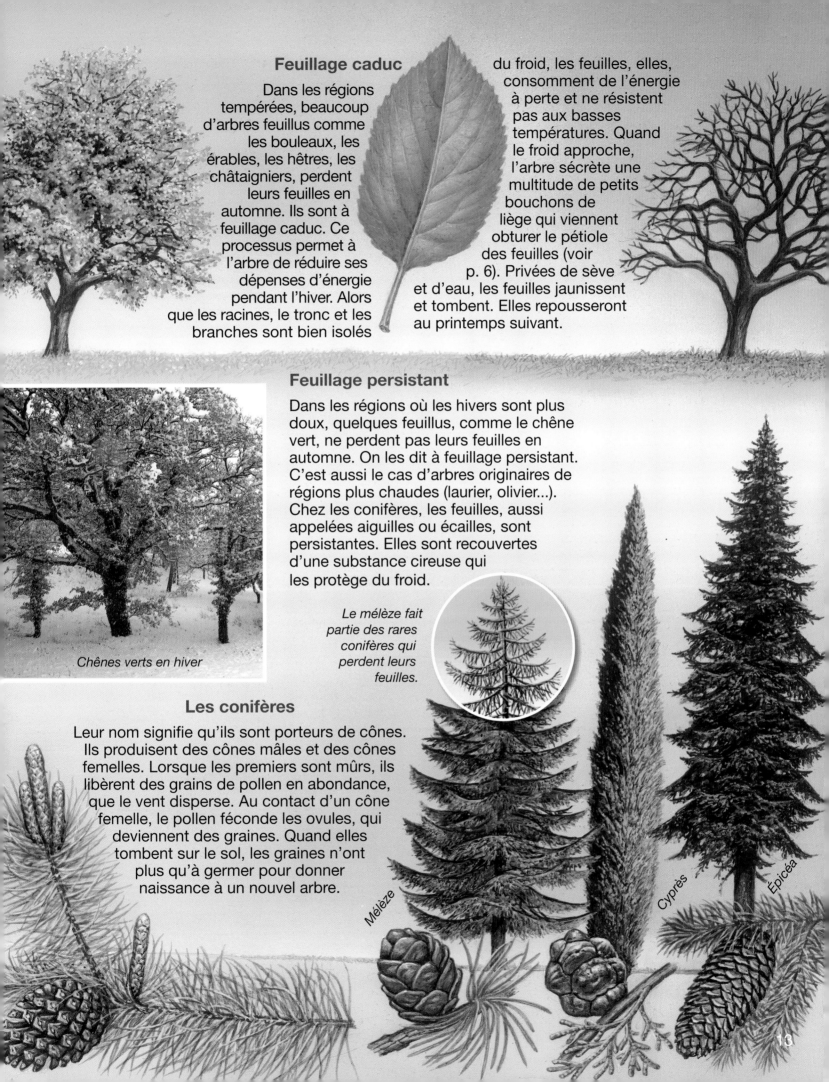

13

DES ARBRES ÉTONNANTS

Que ce soit par leur faculté à s'adapter à des milieux difficiles, par leur âge ou par leur allure, certains arbres sont surprenants. Du plus petit (ci-dessus), un saule nain de 2 cm de hauteur se trouvant en Arctique, au plus grand, un séquoia de Californie culminant à 115 m, il en existe de toutes tailles. Tandis que certains poussent dans les déserts, d'autres baignent dans l'eau salée. Le ginkgo biloba (ci-contre) est l'un des premiers à être apparu sur Terre. Il existait déjà il y a 270 millions d'années !

Les faux de Verzy

En France, près de Reims, poussent des hêtres aux formes exceptionnellement noueuses et tortueuses, appelés faux de Verzy ou hêtres tortillards. Ils mesurent 4 à 5 m de haut et certains sont vieux de 300 ans.

Les plus vieux du monde

Dans les White Mountains, en Californie, vivent les pins Bristlecone, des conifères tortueux à la silhouette étrange. Peu de pluie, de la neige fréquente, des vents cinglants et une terre pauvre ne les empêchent pas d'atteindre des âges record. Ils ont entre 2 000 et 3 000 ans ! Mathusalem, le plus vieux d'entre eux, aurait 4 843 ans ! En 2008, on a découvert en Suède un arbre plus vieux encore, un épicéa commun qui serait âgé de 9 550 ans !

Les baobabs

Les différentes espèces de baobabs sont réparties entre Madagascar, l'Afrique et l'Australie. Ces arbres se distinguent par leur tronc large et gonflé, qui peut dépasser 12 m de diamètre ! Le baobab emmagasine jusqu'à 120 000 litres d'eau pendant la saison des pluies pour faire face aux sécheresses. Une fois cette eau consommée, il maigrit.

Les pins Bristlecone comptent parmi eux les plus vieux arbres au monde.

Les baobabs peuvent vivre près de 2 000 ans.

Le banian

Arbre d'Asie, le banian a une allure unique : ses racines aériennes descendent des branches puis s'enfoncent dans le sol pour s'y ancrer et ressortir sous forme de troncs ! 'n seul arbre peut ainsi former une vraie forêt.

Le palétuvier

Le long des côtes marécageuses des régions tropicales, les palétuviers sont les seuls arbres à pousser sur des sols instables, pauvres en oxygène, où l'eau est salée. Pour pouvoir respirer, résister aux marées et aux cyclones, ils possèdent des racines « échasses », ancrées dans la vase. Certains disposent même de sortes de « tubas » qui se développent sur leurs racines immergées et sortent à l'air libre chercher l'oxygène.

De formidables géants

Les plus grands arbres de la planète sont les séquoias géants, des conifères présents essentiellement en Californie, aux États-Unis. Ils peuvent mesurer de 50 à 85 m de haut pour un diamètre de 6 à 8 m. Le plus imposant d'entre eux, le général Sherman, âgé de 2 200 ans, ne mesure pas moins de 84 m de haut, pour une circonférence de 31 m ! Mais le plus grand de tous les arbres du monde est un séquoia à feuilles d'if qui atteint 115,55 m de hauteur dans le parc national de Redwood, également en Californie.

Le général Sherman, un séquoia géant reconnu parmi les plus grands arbres du monde, se trouve dans le parc national de Sequoia.

DES PLANTES ÉTONNANTES

Les premières plantes à fleurs sont apparues à l'époque des dinosaures, il y a environ 145 millions d'années. Elles représentent la plus grande partie des végétaux avec 250 000 à 300 000 espèces. Extrêmement variées, elles se sont adaptées aux milieux environnants et ont su développer des stratagèmes divers pour attirer les insectes pollinisateurs et assurer ainsi la survie de leur espèce. C'est le cas notamment de certaines orchidées.

L'ophrys abeille

La fleur de cette orchidée imite à la perfection la forme, la couleur et même l'odeur de la femelle d'une abeille sauvage. Trompée par le pétale renflé de cette fleur, l'abeille mâle tente de s'accoupler sans succès. Le corps alors couvert de pollen, il repart sur une nouvelle orchidée dont il assurera la fécondation en déposant le pollen dans la fleur.

Le *Catasetum imperiale*

Cette imposante fleur du Venezuela n'est pas très tendre avec les insectes qui la butinent ! La fleur mâle catapulte violemment son pollen sur la tête de ses visiteurs. Cela n'empêche pas les insectes de braver le danger pour récolter sur la fleur une substance le nectar, qui sent la menthe

Le sabot-de-Vénus

Cette orchidée dégage une forte odeur qui attire les insectes. Quand ceux-ci s'approchent du 3e pétale, en forme de sabot (le labelle), ils tombent à l'intérieur. En cherchant à sortir de cette poche profonde, l'insecte se frotte aux étamines et se couvre de pollen. Il parvient finalement à s'échapper par un petit orifice situé à l'arrière de la fleur et s'envole, enduit de pollen, vers une autre fleur.

La fleur du lotus

La magnifique fleur blanc-rose du lotus mesure entre 20 cm et 35 cm ! Elle s'épanouit à la surface de l'eau pour ne vivre que quatre jours. Après avoir été pollinisée par les insectes puis fécondée, elle produit un curieux fruit semblable à une pomme d'arrosoir, renfermant de petites graines.

Le nénuphar géant d'Amazonie

Autre plante aquatique, ce nénuphar déploie des feuilles flottantes de plus de 1,50 m de diamètre, dont la forme ressemble à celle d'un moule à tarte. Ces feuilles immenses et très résistantes peuvent supporter le poids d'un enfant de 9 mois !

L'*Aristolochia grandiflora* ou « fleur pélican »

Présente en Amérique centrale et dans les Caraïbes, cette liane offre de grandes fleurs à la forme très étrange, au bout desquelles pend une sorte de longue queue mesurant jusqu'à 30 cm de long. Leur odeur désagréable attire les insectes pollinisateurs.

Une rose de porcelaine

Originaire de Malaisie, la rose de porcelaine (*Etlingera elatior*) donne de grosses fleurs rouges ou roses, spectaculaires, qui paraissent artificielles tant elles sont parfaites. Elles poussent sur de longues tiges sans feuilles ne mesurant pas moins de 1,50 m de hauteur : la taille d'un enfant de 12 ans ! Avec leurs couleurs intenses, ces fleurs attirent les papillons, les abeilles et les oiseaux, qui viennent les polliniser, mais aussi d'autres curieux, comme cette grenouille tropicale.

Des plantes ultra-adaptables

Tandis que les nénuphars développent leurs racines dans l'eau des étangs, d'autres plantes parviennent à survivre dans les régions les plus arides de la planète. Elles ont des astuces pour résister aux sols asséchés des déserts et pour capter la plus infime trace d'eau dans le sol ou dans l'air qui les entoure. Contre toute attente, certains de ces végétaux connaissent une incroyable longévité !

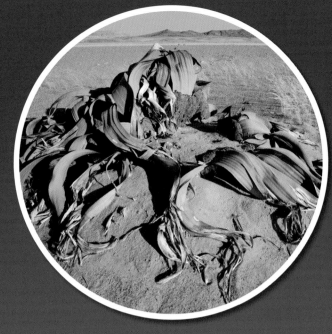

L'agave, une floraison fatale

Vivant sur les terres arides du Mexique, l'agave passe sa vie à faire des réserves d'eau dans ses feuilles épaisses, couvertes d'une cire qui freine l'évaporation. Ses racines profondes captent également la moindre trace d'humidité dans le sol. Entre l'âge de 15 et 20 ans, l'agave produit une hampe florale (une tige) atteignant 5 à 6 m de hauteur. Mais, après cette floraison unique qui dure un à deux mois, la plante dépérit lentement et finit par mourir.

Le welwitschia millénaire

Dans le désert du Namib, au sud-ouest de l'Afrique, se trouve une étrange curiosité botanique : le welwitschia. Sa tige très courte et épaisse ne porte que deux feuilles qui peuvent atteindre 2 à 4 m de long, souvent divisées en bandes qui s'étalent sur le sol. Elles absorbent l'humidité apportée par le brouillard matinal du désert, ce qui permet à la plante de survivre à la sécheresse. Les welwitschias ont une longévité remarquable : plus de 1 000 ans pour certains, voire 2 000 ans pour quelques-uns !

Une plante déguisée en caillou

Dans les déserts d'Afrique du Sud, le lithops a trouvé le moyen d'échapper aux herbivores. Il se confond avec les pierres. Il n'a pas de tige, mais présente deux feuilles de couleur grisâtre jointes à la base et poussant à même le sol. C'est uniquement lorsqu'elles fleurissent que l'on peut distinguer ces plantes des pierres.

Le saguaro, une citerne vivante

Dans le désert de Sonora, la plus grande zone désertique de l'Amérique du Nord, pousse un cactus en forme de cierge pouvant atteindre 15 m de haut. Il pèse jusqu'à 5 tonnes et contient jusqu'à 3 000 litres d'eau dans son tronc et ses branches. En période de sécheresse, il perd la moitié de ses réserves. Ce cactus peut vivre jusqu'à 150 ans.

Les fleurs du saguaro apparaissent la nuit en avril et mai.

Le cardère, un géant

Encore plus haut que le saguaro, le cactus cardère bat tous les records : il peut mesurer 19 m et peser 10 tonnes lorsqu'il est gorgé d'eau. Ce géant puise l'eau dans le sol grâce à ses racines largement étalées. Dans les déserts du Mexique, il forme de vraies forêts.

L'*Azorella compacta*

Cette plante que l'on rencontre vers 3 000 m d'altitude, en Amérique du Sud, forme de fantastiques coussins verts et très durs, constitués de milliers de petites rosettes de feuilles très compactes, qui la rendent moins sensible au froid.

L'*Haworthia truncata*

En période de sécheresse, cette plante originaire d'Afrique du Sud est aspirée par ses racines et s'enfonce presque complètement dans le sol. On ne voit plus alors que l'extrémité rectangulaire de ses feuilles, qui lui permet de capter la lumière du soleil. Dès qu'il pleut, ses racines se déploient en se gonflant d'eau et la plante réapparaît au-dessus du sol.

DES PLANTES CARNIVORES

Le vorace drosera

Cette plante est aussi appelée herbe à rosée en raison des poils brillants qui couvrent ses feuilles et dont l'extrémité ressemble à une perle de rosée. Le drosera pousse sur presque tous les continents, dans les milieux humides. Dès qu'un insecte approche un peu trop de ses perles gluantes, il se retrouve collé à la feuille. Un cauchemar commence : plus il se débat et plus il s'englue dans les poils, qui se rabattent sur lui. Tout doucement, la feuille se replie sur elle-même et entame sa digestion. Après un ou deux jours, il ne reste plus que les débris de l'insecte, qui seront évacués par la pluie.

Le piège des sarracénies

Pour piéger leurs proies, les sarracénies des marais d'Amérique du Nord disposent de feuilles en forme d'urne, bordées de glandes produisant une substance très appétissante pour les insectes. Arrivé au bord de la feuille, le risque de glisser dans l'urne est inévitable ! La proie est alors précipitée au fond du piège. Sur les parois, les poils inclinés vers le bas l'empêchent de remonter ! L'insecte termine sa vie dans les sucs digestifs de l'urne et sera peu à peu digéré par la plante.

La dionée attrape-mouche

Elle a élu domicile aux États-Unis, en Caroline du Nord et en Caroline du Sud. Sa feuille colorée et odorante en raison du nectar qu'elle sécrète pour attirer les insectes comprend deux lobes bordés de dents, telles des bouches. Quand une proie s'aventure sur la feuille, elle touche les poils sensibles qui s'y trouvent. Si elle les effleure au moins deux fois, la plante sait qu'elle n'a pas affaire à une simple goutte d'eau et actionne son piège. Les deux lobes se referment, emprisonnant l'insecte.

Une fois la feuille refermée sur sa proie, la dionée entame sa digestion. Elle ne se rouvrira que plusieurs jours plus tard pour rejeter l'enveloppe vide de l'insecte.

Cette mouche s'est montrée trop curieuse : elle a glissé dans l'urne de la sarracénie et s'est noyée.

20

DE BELLES DANGEREUSES

Certaines plantes contiennent des substances plus ou moins toxiques. Pourtant, beaucoup entrent dans la composition de médicaments.

La digitale

Poussant dans les montagnes et cultivée aussi dans les jardins, la digitale est une plante toxique, dont les substances contenues dans les feuilles agissent sur le cœur. Mais, à très petites doses, la digitaline, sa substance active, est utilisée dans le traitement des maladies cardiaques.

La digitale peut atteindre plus de 1 m de haut. Ses fleurs sont pollinisées par les bourdons.

Belladone

Aconit

Muguet

La belladone

Tout est toxique dans cette plante : baies, tige, feuilles... Ses baies noires et luisantes, de la taille d'une cerise, sont particulièrement attirantes pour les enfants. Le poison que la belladone contient peut atteindre le système nerveux et provoquer de graves troubles et même entraîner la mort. Utilisée sous forme de médicament, elle constitue un calmant et un antidouleur.

Colchique

L'aconit, une fleur poison

Tout est toxique dans cette jolie plante d'Europe : ses feuilles, ses tiges, ses ravissantes fleurs bleues et surtout ses racines et ses graines. L'ingestion de 2 à 3 g de racines peut même entraîner la mort ! Et ses propriétés sont connues depuis longtemps : les Gaulois et les Germains empoisonnaient leurs flèches avec de la substance d'aconit. À très petites doses, toutefois, l'aconitine contenue dans la plante participe à l'élaboration de médicaments antidouleur.

Et les autres...

Il faut aussi se méfier de plantes plus familières telles que le muguet et le laurier rose, dangereux pour le cœur, ou encore le colchique, qui entraîne des troubles digestifs. Il s'agit de les manipuler avec prudence.

PARASITES ET ENVAHISSANTES

Certaines plantes ne parviennent pas à produire toutes seules la nourriture dont elles ont besoin. Elles poussent alors sur d'autres plantes, dont elles profitent, parfois jusqu'à les faire dépérir. On dit qu'elles sont parasites. D'autres, tel le lierre, prolifèrent si vite qu'elles peuvent envahir le milieu environnant et empêcher les plantes qui les entourent de se développer. Elles sont dites envahissantes.

Les plantes envahissantes

Certaines de ces plantes sont bien connues des jardiniers. Souvent qualifiées de mauvaises herbes, elles envahissent les plates-bandes et plantations et repoussent à peine arrachées. Le chiendent, le liseron, le pissenlit ou les orties prennent ainsi rapidement possession d'un terrain abandonné. On a remarqué que les espèces envahissantes exotiques se développent d'autant mieux qu'elles ne sont pas dans leur région d'origine. C'est le cas de la renouée du Japon (voir page de droite).

Les plantes parasites

Elles se servent d'autres plantes pour se développer. En voici deux célèbres exemples.

La rafflésie géante

Elle pousse en Malaisie, en Indonésie et aux Philippines. La rafflésie ne possède ni tige, ni feuilles, ni racines et se développe pendant un ou deux ans sous forme de filaments dans les tissus des lianes tropicales pour y puiser sa nourriture. Lorsque le bouton floral apparaît, il grossit pendant plusieurs mois jusqu'à atteindre la taille d'un ballon de basket. Il éclôt alors et cinq énormes pétales s'ouvrent. C'est la plus grande fleur connue à ce jour. Elle peut atteindre 1 m de diamètre et peser 11 kg !

Le gui

Depuis des millénaires, le gui est considéré comme une plante sacrée dans de nombreuses civilisations. Cet arbrisseau est un parasite qui s'implante sur l'écorce des arbres. Sa tige s'enfonce dans la branche qui le supporte, formant une sorte de suçoir qu'elle utilise pour absorber la sève. Toutefois, le gui ne met généralement pas les arbres en péril.

Le mimosa

Habillé de petits flocons jaunes, il égaie notamment les massifs de la Côte d'Azur. Il a été apporté d'Australie au XIXe siècle. Mais, ayant une croissance rapide, émettant des substances toxiques et limitant le développement des autres végétaux, le mimosa est devenu une plante envahissante des régions méditerranéennes. De plus, son bois fortement inflammable augmente les risques d'incendie, ce qui peut être dangereux dans les zones sensibles.

La renouée du Japon

Originaire d'Asie, elle a été introduite en Europe au XIXe siècle. Elle est désormais reconnue comme l'une des espèces végétales les plus envahissantes de la planète. Ses tiges souterraines, qui apprécient les milieux humides, libèrent des substances toxiques qui empêchent les autres végétaux de se développer. Elles vont même jusqu'à percer l'asphalte ! Partout où la plante s'installe, plus rien ne pousse. À peine implantée, elle forme rapidement des massifs de plusieurs dizaines de mètres carrés et il est extrêmement difficile de s'en débarrasser.

La jacinthe d'eau

Cette plante aquatique d'eau douce originaire des tropiques est la plante la plus prolifique du monde ! En Asie du Sud-Est, elle peut pousser de 2 à 5 m par jour ! Ses racines sont très longues. Particulièrement résistante, elle se reproduit très vite, jusqu'à envahir les lacs, les étangs et les rivières. Elle forme alors un tapis flottant qui recouvre toute la surface des plans d'eau, dont elle modifie les conditions de vie en privant de lumière et d'oxygène certains organismes aquatiques. Pour s'en débarrasser, la population l'arrache à mains nues ou à l'aide de machines qui la broient. D'autres la brûlent ou même la dynamitent !

LES CHAMPIGNONS

Les champignons constituent un règne à part de celui des plantes. Ils ne possèdent pas de chlorophylle, ce pigment vert qui aide les plantes à fabriquer leur nourriture grâce à la photosynthèse. De plus, ils n'ont ni tiges, ni racines, ni fleurs, ni feuilles. Beaucoup de champignons sont bénéfiques à la nature, car ils se nourrissent des substances nutritives contenues dans les feuilles et le bois mort. Ils contribuent ainsi à la décomposition des végétaux des forêts. D'autres s'associent aux racines des arbres pour se développer.

L'aspect des champignons

Il existe différents genres de champignons. Certains, comme les chanterelles ou les cèpes, sont constitués d'un chapeau et d'un pied. Sous le chapeau, les lames ou les tubes sont disposés comme les rayons d'une roue. À partir de leur pied, ces champignons déploient dans le sol de nombreux filaments appelés mycélium. Celui-ci puise dans le sol et les débris végétaux les aliments dont les champignons ont besoin pour grandir. D'autres n'ont ni pied ni chapeau. Ils sont constitués uniquement du mycélium. C'est le cas par exemple des moisissures qui se développent sur la nourriture ou de la levure utilisée dans la fabrication de la bière et de la pâtisserie. Parmi, les champignons, il faut aussi distinguer les champignons comestibles des champignons dangereux, voire mortels qui peuvent provoquer des intoxications.

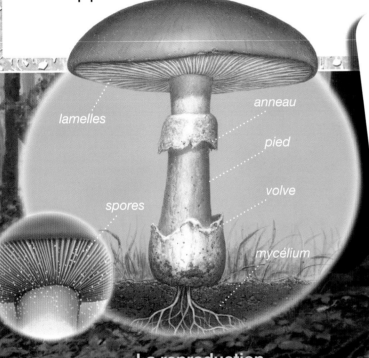

lamelles — anneau — pied — volve — spores — mycélium

La reproduction

Sous le chapeau, les lamelles ou les tubes sont les organes reproducteurs. Ils produisent d'innombrables spores, des cellules microscopiques. Quand les spores se détachent du chapeau et tombent sur le sol, elles donnent naissance à un nouveau mycélium. En grandissant et en s'associant à un autre mycélium, il est capable de se reproduire. Les moisissures, elles, portent leurs spores directement sur le mycélium. Les champignons peuvent aussi se reproduire par simple division du mycélium.

COMESTIBLES

Lactaire délicieux — Morille — Clavaire chou-fleur — Truffe — Girolle — Bolet granulé — Pied-de-mouton — Cèpe — Meunier — Lépiote élevée — Champignon de Paris — Bolet rude

VÉNÉNEUX

Fausse chanterelle — Russule émétique — Amanite phalloïde — Scléroderme vulgaire — Lactaire à toison — Russule hétérophylle — Bolet Satan — Calocère visqueuse — Amanite tue-mouches — Hypholome en touffes — Bolet blafa

L'amanite tue-mouches

Ce champignon séduisant avec son chapeau rouge couvert de flocons blancs est parmi les plus célèbres. Il est toxique, peut rendre malade et provoquer des hallucinations. On raconte qu'autrefois, on faisait macérér des morceaux de son chapeau dans un peu de lait sucré pour attirer les mouches qui succombaient à ce breuvage fatal, d'où son nom.

L'amanite phalloïde

Cette amanite est d'autant plus dangereuse que son aspect est celui d'un champignon commun. Elle peut être blanche, jaune ou brune. Elle est surtout reconnaissable à l'anneau juponnant, la volve et la lame blanche. C'est le champignon le plus vénéneux de nos régions. Son ingestion est mortelle.

Le bolet Satan

Beaucoup de bolets sont comestibles. Néanmoins, celui-ci est le plus toxique des bolets vénéneux. On le reconnaît à son chapeau blanc crème et cendré et à son pied obèse. Sa chair dégage une odeur désagréable.

Le clitocybe rivulosa (ou dealbata)

Ce champignon, dont le chapeau est comme recouvert d'une laque blanche, pousse en groupes dans les pâturages et sur les pelouses des parcs. S'il est discret, il n'en reste pas moins toxique.

DE CURIEUSES VARIÉTÉS

La vesse-de-loup

Cette boule blanche qui parsème parfois les prés est assez commune, mais elle peut atteindre une taille impressionnante. Les plus gros spécimens dépassent une dizaine de kilos et mesurent plusieurs dizaines de centimètres ! Consommée jeune, la vesse de loup est comestible.

La langue-de-bœuf

Cet épais champignon en forme de langue qui pousse sur le tronc des chênes et des châtaigniers peut mesurer 25 cm de long. Il est comestible et gorgé d'un jus rouge.

Un champignon luminescent

Il existe au Brésil une espèce qui a la propriété d'être luminescente, comme les lucioles. Les chercheurs racontent que ce champignon éclaire presque suffisamment pour servir de liseuse !

L'hydne hérisson

Ce drôle de champignon comestible à l'allure de mini-stalactites pousse sur les souches de bois en Europe, en Amérique et en Asie. Il peut s'étendre sur une largeur de 30 cm et ses aiguillons sont longs de 2 à 5 cm.

La dame voilée
(Dictyophora indusiata)

Ce champignon tropical se pare d'un voile de dentelle qui entoure son pied telle une jupe. En Thaïlande et en Chine on l'utilise pour parfumer les plats.

LES PLANTES ET LA VIE

Les plantes sont indispensables à l'homme. Elles lui servent à se nourrir, se vêtir, se chauffer, se loger, se soigner, se parfumer, à lire... À vivre. Elles ont permis aux êtres vivants de se développer. Aujourd'hui, c'est à l'homme de les préserver.

En premier lieu, les plantes nourrissent l'homme : céréales, légumes, fruits, huile... Ainsi, le riz représente l'aliment de base pour plus de la moitié de la population mondiale.

Les plantes sont aussi à la base de la plupart des boissons : jus de fruits, vin, bière, café, thé, cacao, sirops...

Beaucoup de vêtements et autres textiles sont confectionnés en fibres naturelles : coton, lin...

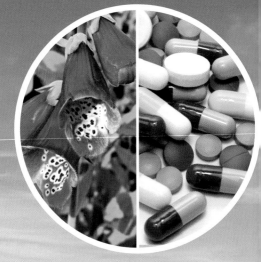

Les plantes entrent dans la composition de médicaments. Leurs propriétés sont essentielles en pharmacologie.

Les arbres fournissent le bois utile à la fabrication de meubles, de charpentes, de planchers, de maisons...

Pour se chauffer, le bois est une énergie indispensable dans le monde entier.

Papier, carton, mouchoirs jetables... sont fabriqués à partir de fibre de bois.

Parfums et cosmétiques sont élaborés à partir des innombrables variétés de plantes.

Mais les plantes nous permettent aussi de respirer. Sans l'oxygène qu'elles rejettent lors de la photosynthèse, pas de vie possible pour les êtres vivants !

Certaines plantes spécifiques comme le chêne-liège servent à l'isolation.

Des plantes plus fortes

Les plantes résistent à tout, même aux nuages radioactifs issus de catastrophes nucléaires comme ce fut le cas à Tchernobyl, en Ukraine, en avril 1986. Vingt-cinq ans plus tard, la végétation a complètement repris ses droits. Des arbres poussent même dans les HLM en ruine, et les villages alentour qui ont dû être désertés par l'homme sont devenus de véritables jungles.

TABLE DES MATIÈRES

MDS : 660845
ISBN : 978-2-215-11464-2
© FLEURUS ÉDITIONS, 2012
Dépôt légal à la date de parution.
Conforme à la loi n° 49-956 du 16 juillet 1949
sur les publications destinées à la jeunesse.
Imprimé en Italie (03/12).